Rainer Haak

Danke

D1704670

ALPHAEDITION

Gründe, dankbar zu sein

Der eine erkennt es, der andere
nicht. Es gibt viele gute Gründe,
dankbar zu sein: der herrliche
Regenbogen nach einem Gewitter, ein
freundliches Lächeln im Fahrstuhl,
ein Brief von einer alten Freundin,
eine ehrliche Entschuldigung, eine
Knospe an meinem Lieblingskaktus,
eine gelungene Überraschung zum
Geburtstag.
Ich will jeden Abend kurz überlegen,
wofür ich heute dankbar sein kann
und was mir gut getan hat.

Gutes erfahren

Dankbarkeit tut gut. Sie zeigt, dass
es Menschen gibt, die mir zugetan
sind. Sie macht deutlich, dass mein
Vertrauen nicht enttäuscht wurde.
Sie gibt Zeugnis ab von Zuverlässig-
keit und Freundschaft, von Mitgefühl,
Ehrlichkeit und Hilfsbereitschaft.
Dankbarkeit empfinden Menschen,
die Gutes erfahren haben – und sich
dessen auch bewusst sind.
Dankbare Menschen sind meistens
auch glückliche Menschen.

ine gute Verbindung

Jedes Dankeschön ist eine wunder-
bare Verbindung zwischen zwei
oder mehr Menschen. Ich fühle mich
herzlich verbunden mit allen, die
mir Gutes tun – die mich mögen
und schätzen, die mir liebevoll die
Wahrheit sagen, die für mich da
sind, wenn ich sie brauche, mich in
ihre Gebete einschließen, und die in
jedem Fall ihre Versprechen halten. So
hat jedes Dankeschön seine eigene,
unvergleichliche Geschichte.

Unterwegs laden mich freundliche
Menschen ein, ihr Gast zu sein.

Reich beschenkt

Nichts ist selbstverständlich im Leben, weder Gesundheit noch Lebens-
freude, weder Zufriedenheit noch ein
zuverlässiger Freundeskreis.
Nichts ist selbstverständlich. Und
gerade darum fühle ich mich reich
beschenkt. Ich bin dankbar für alles
Gute, das mir begegnet, für Freund-
lichkeit und Zuwendung, neue Kraft
und gute Ideen. Und vor allem danke
ich dafür, dass ich an jedem Tag
spüre, wie lebendig ich bin.

Liebenswerte Menschen

Ich bin dankbar für die vielen liebens-
werten Menschen, die mein Leben be-
reichern. Eine herzliche Einladung zum
Abendessen, ein hilfreiches Gespräch
in einer schwierigen Situation, die
Hilfe beim Umzug – das alles tut gut.
Es gibt Menschen, denen ich im Urlaub
die Wohnungsschlüssel anvertrauen
kann, die ich jederzeit um Hilfe bitten
oder mit denen ich ohne Angst gute
Geschäfte machen kann.
Danke für alles!